Matemáticas
antes de dormir

Matemáticas
antes de dormir

Laura Overdeck

Ilustrado por Jim Paillot

Feiwel and Friends

New York

A Feiwel and Friends Book
An Imprint of Macmillan

MATEMÁTICAS ANTES DE DORMIR. Text copyright © 2014 by Laura Overdeck.
Illustrations copyright © 2013 by Jim Paillot. All rights reserved.
Printed in the United States of America by R. R. Donnelley & Sons Company, Crawfordsville,
Indiana. For information, address Feiwel and Friends, 175 Fifth Avenue, New York, N.Y. 10010.

NOTA DEL EDITOR: En este libro se ha optado por poner comas para dividir las cifras de
mil, para seguir el estilo que se usa en México y en EE. UU., a pesar de que tanto en España
como en la mayoría de los países latinoamericanos se use el punto para este objeto.

Feiwel and Friends books may be purchased for business or promotional use.
For information on bulk purchases, please contact the Macmillan Corporate and Premium
Sales Department at (800) 221-7945 x5442 or by e-mail at specialmarkets@macmillan.com.

Library of Congress Cataloging-in-Publication Data Available

ISBN: 978-1-250-05181-3

Book design by Ashley Halsey

Feiwel and Friends logo designed by Filomena Tuosto

First Edition: 2014

 10 9 8 7 6 5 4 3 2 1

mackids.com

A Katie, Andrew y William,
mis traviesas musas de las matemáticas . . .
Ustedes siempre son mi inspiración.

Introducción

¿Qué es Matemáticas antes de dormir? Todos sabemos que los padres deberían leer a sus hijos antes de dormir, pero ¿qué pasa con las matemáticas? Al igual que leer en casa fomenta el amor a la lectura, usar las matemáticas en casa hará que a los niños les gusten. El objetivo de este libro es simple: hacer que las matemáticas sean divertidas y formen parte de la vida de los niños y que no sean solo una tarea de la escuela.

¿De dónde surgió la idea de Matemáticas antes de dormir? A mi esposo y a mí nos encantan los números y, cuando nuestra hija mayor tenía dos años, empezamos a contar sus muñecos con ella. Le gustaban tanto estos juegos antes de dormir que seguimos haciéndolos con nuestro segundo hijo. Cuando nuestro tercer hijo cumplió dos años y empezó a pedirnos problemas de matemáticas, sabíamos que habíamos conseguido algo importante: que las matemáticas, en nuestra casa, fueran una actividad divertida antes de dormir. Nuestros amigos nos animaron a compartir la idea.

Todo comenzó una noche de febrero de 2012, cuando envié un mensaje a diez amigos con un problema de matemáticas sobre unos perros que parecían almohadones, inspirados en el concurso de perros Westminster. Al día siguiente, el problema para resolver trataba de jugadores de la NBA. El tercer día era acerca de un pudin de chocolate. Esa semana sucedieron dos cosas. Primero, el viernes, ya tenía el doble de amigos porque se había corrido la voz y la gente quería participar. Segundo, los niños les pedían a sus padres que les pusieran problemas de matemáticas antes de dormir. Estaban enganchados. Dos semanas más tarde, armé una página Web, una campaña de mercadeo por correo electrónico y una página de Facebook y, en seis meses, ya tenía 20,000 seguidores, como maestros y directores que reenviaban el problema del día a ochenta estudiantes o más.

El libro y los niveles. Así surgió *Matemáticas antes de dormir*. Espero que ayude a los niños, y quizás a algunos padres, a entusiasmarse con las matemáticas. Cada capítulo trata un tema

interesante: vehículos raros, comida que explota... esas cosas que no salen en los libros de texto. Los problemas de matemáticas están divididos en tres niveles: **Niños chiquitos**, **Niños medianos** y **Niños grandes**, ya que las destrezas matemáticas de cada uno varían. Los lectores pueden intentar todos los niveles que quieran.

Tranquilo. Las respuestas aparecen en cada página y son fáciles de encontrar, así no tendrá que intentar averiguar la respuesta antes que su hijo. Mejor aún, en la parte de atrás del libro vienen las ecuaciones matemáticas de cada problema, para que vea cómo se resuelven. El objetivo es que sea fácil y divertido.

Una cosa más: Es importante que los niños vean a los mayores divertirse

con las matemáticas. No solemos oír a un adulto con estudios decir: "Leer no se me da bien". Sin embargo, nos parece aceptable que ese mismo adulto diga: "Las matemáticas no se me dan bien". ¿Por qué? No debemos decir eso, ¡y menos delante de los niños! Varios padres, sobre todo madres, nos han dado las gracias en la página Web por Matemáticas antes de dormir porque es la primera vez que disfrutan con las matemáticas. Las matemáticas son fascinantes y entretenidas y todos pueden practicarlas. Compartamos ese mensaje con nuestros niños.

Matemáticas divertidas antes de dormir

No hay que sufrir. El libro ofrece varios niveles para elegir y no hay una edad "adecuada" para cada problema. Precisamente por eso, para no dar edades ni grados específicos, los niveles de dificultad se llaman "Niños chiquitos", "Niños medianos" y "Niños grandes". El primer nivel se llama "Niños chiquitos" porque es importante que los niños empiecen a usar las matemáticas en edad preescolar. Cuanto más sepan antes de kindergarten, mejor. En el nivel "Niños medianos" harán sumas con números de uno o dos dígitos, además de restas sencillas, multiplicaciones y problemas de lógica.

Los "Niños grandes" se divertirán con números más grandes y descubrirán que pueden usar y ampliar sus conocimientos de los números pequeños. Sin embargo, todos los niveles sirven para *cualquier* edad, ¡hasta para los abuelos que mantienen su mente activa en nuestra página Web! Así que, ¡adelante! Busque el nivel en el que esté más cómodo y empiece ya.

Es una actividad, no una prueba. El objetivo es tener una conversación amena que los ayude a resolver los problemas, no ver si sus hijos averiguan todo inmediatamente. Lea el problema de matemáticas en voz alta y después sigan los pasos para resolverlo y, por favor, dé pistas a los niños si las necesitan.

No se preocupe. los problemas de Matemáticas antes de dormir no va a quitarles el sueño a sus hijos. ¡Al fin y al cabo, contar ovejas siempre ha sido un método infalible para quedarse dormido! Los números son relajantes y predecibles, y los problemas de matemáticas ayudan a los niños a calmarse y concentrarse.

Además, ¿qué mejor manera de acabar el día que resolviendo algo?

No hay que sufrir, segunda parte.

Sí, nos gustaría formar parte de su rutina diaria, pero sabemos que a veces la vida se complica y no siempre tenemos tiempo para hacer todas las actividades divertidas que nos gustaría hacer. *Matemáticas antes de dormir* está a su disposición para cuando usted esté listo.

En cualquier momento del día.

Aunque solemos hablar de la hora de dormir, Matemáticas antes de dormir se puede utilizar en cualquier momento del día: durante el desayuno o la cena, en el auto o en el baño. Si lo incorpora a sus actividades diarias, se convertirá en un hábito natural.

Un paso más. Esto es un trabajo en equipo, y usted y su hijo pueden llegar tan lejos como quieran. La sensación de sumar dos números grandes por primera vez o multiplicar 5 por 5 es increíble. El maestro no puede tener una relación tan cercana como usted cuando debe encargarse de veintitrés estudiantes a la vez, pero usted sí puede hacerlo en casa y comprobar que a los niños les fascina enfrentarse a nuevos retos.

Es genial. Al igual que nadie dice "Oh, no, un libro antes de dormir", no hay ninguna razón por la que tengamos que decir eso sobre las matemáticas. Los números son bellos y a los niños les gusta que les presten atención. *Matemáticas antes de dormir* consigue combinar ambas cosas. ¡Empecemos a jugar!

5 10 56 9 6 15 36 125 85 3 8 2

Capítulo I

COMIDA QUE EXPLOTA

1   30   45   103   12   4   72   0   99   21   56

¡Pica, pica, pica!

Si alguna vez has comido uno de esos trocitos verdes que hay en la salsa, sabrás cuánto pican. ¡Ay! Son trocitos de jalapeño y, aunque parezca mentira, no son los chiles más picantes que existen. La escala de Scoville mide el grado de picor y es un número que puede ir del cero a *millones*. En esa escala, el jalapeño tiene un grado de picor de 3,500. Los pimientos habaneros tienen un grado de 350,000, y hay otros pimientos que llegan a un millón. Si te gustan las emociones fuertes y la sensación de estar a punto de explotar, con el picor no encontrarás límites.

Niños chiquitos: Das 3 mordiscos a un jalapeño, y sabes que, como mucho, puedes dar 8 mordiscos porque pican muchísimo. ¿Cuántos mordiscos más puedes dar?

Niños medianos: Si el grado de picor de la pimienta negra que pones en la comida es de 2,500, y el del jalapeño es de 3,500, ¿cuántos grados más tiene el jalapeño que la pimienta?

Niños grandes: Si el jalapeño tiene un grado de picor de 3,500 y la salsa de Tabasco tiene 35,000, ¿cuántas veces pica más el Tabasco que el jalapeño?

Jugar con ketchup

¡Qué difícil es sacar el ketchup de la botella! Por eso inventaron la botella de plástico de ketchup. Si la aprietas con fuerza, sale un chorro de ketchup disparado. Con cada chorro de ketchup estás expulsando un montón de tomates ya que para hacer una taza de ketchup se necesitan unos 14 tomates cocinados. Además es más divertido apretar una botella de ketchup que lanzar un tomate. Si lanzas un tomate puede explotar y dejar todo pegajoso, pero el ketchup ya es pegajoso sin tener que hacer nada.

Niños chiquitos: Si pones 3 chorros de ketchup en un perrito caliente y 1 chorro en la cabeza de tu amigo, ¿cuántos chorros pusiste?

Niños medianos: Si haces una fila de hamburguesas y pones ketchup en la primera y después pones ketchup cada 3 hamburguesas, ¿qué hamburguesa sería la cuarta en tener ketchup?

Niños grandes: Si pones 2 tazas de ketchup y sabes que en cada taza hay 14 tomates, ¿cuántos tomates pusiste?

Palomitas explosivas

Si quieres hacer palomitas, puedes calentar los granos de maíz en una olla o meter una bolsa en el microondas y conseguir el mismo resultado: los granos se convierten en palomitas blancas que son 16 veces más grandes y se pueden comer sin romperte un diente. En el cine, es increíble ver cómo saltan en esas cajas gigantes de cristal y se vuelven de un color anaranjado tóxico cuando añaden "mantequilla". Pero si dejamos a un lado el color, cuanto más grandes se hagan al explotar, mejor.

❋ Niños chiquitos: Si metes la mano en una bolsa de palomitas de maíz y sacas 10 granos, pero 3 de ellos no explotaron, ¿cuántas palomitas blancas tienes?

❋❋ Niños medianos: Si para comer palomitas te gusta tirarlas en el aire y atraparlas en la boca como una foca, y lanzas 15 palomitas pero solo consigues atrapar 9 con la boca, ¿cuántas palomitas acaban en tu cabello o el piso?

❋❋❋ Niños grandes: Si pones 2 tazas de granos de maíz en una máquina de hacer palomitas del cine y explotan todos y se hacen 13 veces más grandes, ¿cuántas tazas de palomitas tienes?

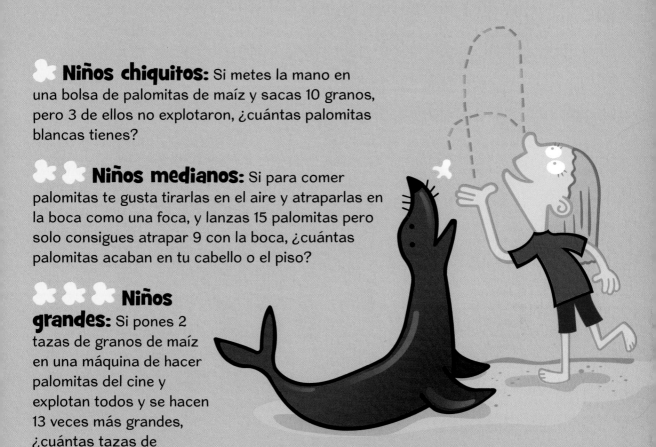

Huevos mágicos

Para hacer un bizcocho necesitas un huevo por cada 2 tazas de harina. Para hacer panqueques, usa 2 huevos por cada 2 tazas de harina. Para waffles, usa 4 huevos. ¿Ves lo que pasa? Cuantos más huevos pones, más esponjosa sale la comida. Junto con la levadura, el bicarbonato de soda y otros ingredientes, los huevos hacen que la mezcla aumente de tamaño al calentarla. Imagínate si añadiéramos más y más huevos, el resultado sería impresionante.

Niños chiquitos: Si necesitas 2 huevos para hacer 1 hornada de panqueques y otros 2 huevos para una segunda hornada, ¿cuántos huevos necesitas en total?

Niños medianos: Si al usar el triple de huevos, tus waffles son el triple de gruesos, y con la mezcla de un huevo puedes hacer una torre de waffles de 10 pulgadas, ¿cómo de alta sería la torre si usaras 3 huevos?

Niños grandes: Si metes un huevo fresco en el microondas y lo calientas durante 30 segundos en el nivel alto, el huevo explota. Si ya lo has metido en el microondas durante 17 segundos, ¿cuántos segundos faltan para que explote el huevo?

Que no te den calabazas

Un pepino grande o un saco de papas pueden pesar mucho. Eso es porque las verduras están compuestas sobre todo de agua, y el agua es bastante pesada. Las verduras que compras en la tienda son de tamaño normal. Pero hay lugares como Alaska y el norte de Canadá, donde el sol sale en verano durante 16 a 20 horas al día y las verduras se hacen *enormes*. Las zanahorias pueden llegar a medir 2 pies de largo y las calabazas pueden pesar cientos de libras. ¡El calabacín más grande pesaba más de 1,000 libras! No sería nada fácil llevarlo de la tienda a tu casa, pero sobre todo ¡procura que no se te caiga encima de un pie!

Niños chiquitos: Si tienes 4 pepinos gigantes y 5 calabazas gigantes, ¿cuántas verduras gigantes tienes?

Niños medianos: Si cada calabaza gigante pesa 1,000 libras y tu auto pesa 4,500 libras, ¿cuántas calabazas *enteras* necesitas para que pesen más que tu auto?

Niños grandes: ¿Qué pesan más: 4 de tus calabazas de 900 libras cada una o 5 de tus pepinos de 700 libras cada uno?

A todo gas

Si abres una botella que contiene una bebida con gas caliente, tienes que tener cuidado porque podría salpicar. Eso es porque la bebida caliente no retiene las burbujas de aire en el líquido igual de bien que cuando está fría. Si quieres que el líquido salga con más fuerza, puedes agitar la botella antes de abrirla. Ahora bien, ¿se podría hacer algo útil con la fuerza de la explosión? ¿No sería genial usar el gas del refresco como combustible para el auto? Claro que si ya te peleas con tus hermanos por un refresco, imagínate pelear con tu auto.

**Niños chiquitos:** Si tienes 10 latas de
refresco gaseoso, pero solo 5 de ellas están frías
porque el resto las dejaste al sol, ¿cuántas van a
explotar cuando las abras?

Niños medianos: Si con la fuerza de la
explosión de 10 refrescos con gas tu auto avanzara 1
milla, ¿cuánto avanzaría con 40 gaseosas?

Niños grandes: Si tienes 60 refrescos
con gas en el auto y necesitas 42 para usarlos de
combustible y llegar a una fiesta y el resto lo tienes
que compartir con un amigo, ¿cuántos refrescos les
quedan a cada uno?

Pasta pegajosa

Para cocinar pasta hay que poner agua a hervir en una olla. Cuando el agua empieza a hacer burbujas y la tapa se mueve, tienes varias maneras de saber si la pasta está lista. Casi todo el mundo pone un cronómetro y espera que sus macarrones o sus espirales de pasta estén cocinados en ese tiempo. Pero si cocinas fideos largos y delgados, la mejor manera de saber si están listos es lanzando varios a la pared: si se quedan pegados, quiere decir que ya están blandos y se pueden comer. Eso sí, ten cuidado dónde apuntas.

Niños chiquitos: Si lanzas 9 fideos a la pared, pero solo se quedan 2 pegados, ¿cuántos acaban en el piso?

Niños medianos: Si sacas 18 espaguetis de la olla y le das 10 a tu perro, ¿cuántos espaguetis te quedan para tirar a la pared?

Niños grandes: Si en la caja de la pasta pone que tarda 8 minutos en cocinarse, pero después de ese tiempo la pasta no se pega a la pared y tienes que cocinarla ¼ más de ese tiempo, ¿cuántos minutos en total tendrás que cocinarla?

La norma de los 10 segundos

Si se te cae la comida al piso, tienes muy poco tiempo para recogerla y comértela antes de que se llene de gérmenes. Algunas personas dicen que tienes 12 segundos; otras dicen que 5 y otras que solo 2. Como no está *demostrado* quién tiene razón, todos pueden opinar lo que quieran. Seguramente aquí lo importante no es cuánto tiempo están las galletas o el queso en el piso, sino más bien si la comida está húmeda y se pega polvo y pelusas. Lo que está claro es que esté húmeda o seca, hayan pasado 2 o 10 segundos, la comida está mucho más sabrosa si no se cae al piso antes de comerla.

⚪ Niños chiquitos: Si se caen

8 granos de maíz al suelo y tu perro se traga 6, ¿cuántos te quedan?

⚪ ⚪ Niños medianos:

Si se te caen las galletas al suelo y crees que es ilegal comerlas después de 12 segundos y ya han pasado 8 segundos, ¿cuántos segundos te quedan para rescatar las galletas?

⚪ ⚪ ⚪ Niños grandes: Si se te

caen 120 Cheerios al piso —más o menos un cuenco lleno— y la mitad están húmedos, ¿cuántos se pegarán al piso si no los recoges?

2 83 7 34 22 6 42 116 35 14 9

Capítulo 2

MASCOTAS SALVAJES

5 26 78 51 106 9 27 0 82 37 45

De colores

Seamos realistas: un camaleón nunca va a ganar un concurso de belleza. Con esa lengua tan larga, esos cuernos raros y esos ojos que se mueven en varias direcciones, este reptil no es precisamente un buen mozo. Eso sí, los camaleones saben vestirse mejor que cualquier otro animal. Cuando sienten el peligro, tardan un segundo en esconderse y cambiar el color de su piel a rosado, turquesa, anaranjado u otros colores. Intenta cambiarte de ropa tan rápido como un camaleón, ¡nunca conseguirás ganarle!

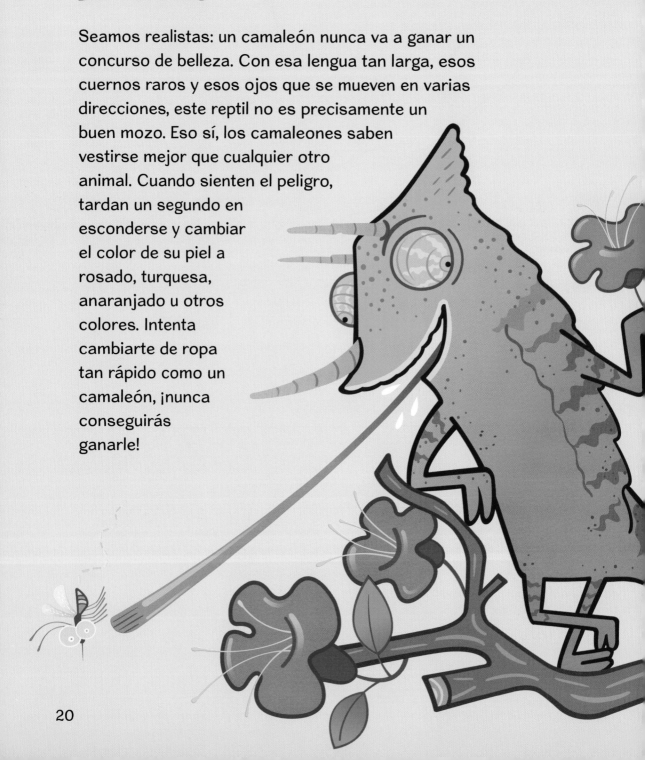

🦎 Niños chiquitos: Si tu camaleón tiene 2 ojos saltones, 2 cuernos y una lengua muy larga, ¿cuántas partes raras tiene?

🦎🦎 Niños medianos: La lengua de un camaleón puede ser dos veces más larga que su cuerpo. Si tu camaleón mide 20 pulgadas de largo, ¿de qué largo puede ser su lengua?

🦎🦎🦎 Niños grandes: Si tu camaleón puede cambiarse a 9 colores diferentes, ¿cuántos colores más necesitaría para poder cambiarse a todos los colores de una caja de 24 crayones?

Pesos pesados

Los elefantes creen que son los animales más grandes del mundo. Pero en realidad solo son los más grandes en la tierra. El animal más grande del mundo es la ballena azul, con mucha diferencia. Un elefante africano pesa unas 8,000 libras, una ballena azul pesa unas 160 *toneladas*. Una tonelada son 2,000 libras, es decir, 300,000 libras, muchísimo más que un elefante. No es que la diferencia de peso sea tan importante. Si los tuvieras de mascota, no querrías que ninguno de ellos se sentara encima de ti.

Niños chiquitos: Si un elefante pesa 8,000 libras y tu auto pesa 3,000 libras, ¿cuántas libras más pesa el elefante?

Niños medianos: Una tonelada son 2,000 libras. Si un elefante pesa 8,000 libras, ¿cuántas toneladas son?

Niños grandes: Si tienes una ballena de mascota que pesa 160 toneladas, ¿cuántos elefantes de 4 toneladas cada uno necesitas para tener ese mismo peso?

Qué pardo el guepardo

Los guepardos no son los animales más grandes que viven en la tierra, pero son los más rápidos. En distancias cortas, pueden alcanzar hasta 75 millas por hora. Eso significa que van más rápido que un auto en la autopista y además, a ellos ni siquiera les ponen multa. Los guepardos tienen que ser rápidos porque comen animales, como gacelas y cebras, que también son muy rápidos, y si para comer tienen que atrapar su comida, más les vale alcanzarla.

Niños chiquitos: Los guepardos suelen comer una vez cada 3 días. Si el domingo le diste de comer a tu guepardo, ¿cuántas veces *más* tendrás que darle de comer de aquí al domingo que viene?

Niños medianos:

Si un guepardo corre a 60 millas por hora y tú vas en tu auto a 70 millas por hora, ¿cuántas millas vas por delante cada hora?

Niños grandes: Imagínate que tu guepardo corre a 75 millas por hora todo el tiempo. Si normalmente vas a la escuela a 25 millas por hora, pero hoy decides ir encima de tu guepardo ¿cuántas veces más rápido llegarás en guepardo?

Pingüinos finos

Los pingüinos son muy graciosos y no solo por sus lindos trajes blancos y negros. También porque caminan balanceándose de lado a lado ya que sus patas son demasiado cortas para caminar bien. Por suerte, son unos nadadores excelentes y también les encanta deslizarse sobre la barriga. A los que nos resulta más fácil caminar que nadar ya nos gustaría poder salir disparados del agua como los pingüinos. Eso sí, siempre podemos deslizarnos de barriga.

1 Niños chiquitos: Si un pingüino avanza una distancia de 4 pies, descansa de tanto esfuerzo, y después sigue otros 5 pies, ¿cuántos pies ha avanzado?

11 Niños medianos: Si haces una carrera con tu pingüino y los dos van corriendo durante una distancia de 5 pies hasta llegar al borde de un acantilado, después se lanzan de barriga por una cuesta de 13 pies, caen al agua y nadan 20 pies más, ¿cuántos pies recorrieron?

111 Niños grandes: Si tu pingüino se mueve a 10 pies por minuto, pero se desliza el doble de rápido y nada 4 veces más rápido que se desliza, ¿cuántos pies por minuto avanza al nadar?

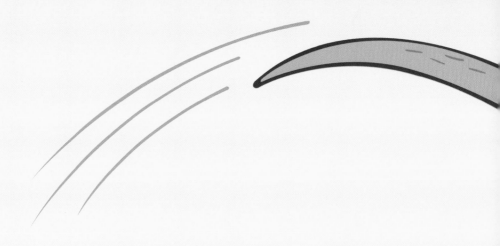

Un salto adelante

Los canguros tienen las patas traseras muy fuertes y grandes que les permiten dar saltos de hasta 30 pies, al comenzar una carrera. El canguro rojo es el más grande ¡y puede dar saltos de hasta 40 pies! Los canguros no solo saltan muy lejos, sino también muy alto, casi 9 pies en el aire. Si tú pudieras saltar tan alto y tan lejos, podrías ir de un lado a otro de tu casa mucho más rápido, pero te darías con la cabeza en el techo.

Niños chiquitos: Un canguro tiene 4 patas. ¿Cuántas patas en total tiene una mamá canguro y su cría en la bolsa?

Niños medianos: Si un canguro da 3 saltos gigantes y cada salto es de 20 pies de largo, ¿qué distancia recorre?

Niños grandes: Si un auto mide 6 pies de ancho, ¿cuántos autos, uno al lado de otro, puede saltar un canguro si da un gran salto de 24 pies?

Pinchos para comer

No siempre es fácil comer con las manos, sobre todo si la comida está húmeda, resbalosa o, lo que es peor, viva. Pero eso es exactamente lo que hace la mantis religiosa cada vez que come. Este insecto atrapa y come otros insectos, sujetándolos con sus patas delanteras que están llenas de pinchos. Cuando un insecto se acerca demasiado, la mantis lo atrapa y lo sujeta con los pinchos que tiene en las patas mientras se lo zampa. Menos mal que tú no tienes pinchos en los brazos. Te resultaría muy difícil ponerte la camisa. Por suerte, no los necesitas para sujetar una hamburguesa.

Niños chiquitos: La mantis tiene dos brazos y cada uno termina en una pinza con dos dedos. ¿Cuántos dedos tiene en total?

Niños medianos: La mantis religiosa ataca my rápido. Si puede atacar 8 veces en lo que tú tardas en parpadear una vez, ¿cuántas veces puede atacar si parpadeas dos veces?

Niños grandes: Si tu mantis atrapa un insecto al primer intento y después, atrapa uno cada cuatro intentos, ¿conseguirá atrapar algún insecto al intento número 19?

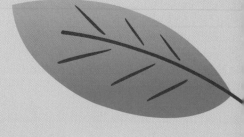

Respuestas: 4 dedos; 16 veces; No, lo atrapará al intento número 17 y 21.

Patas arriba

El flamenco es uno de los pájaros más raros por su color rosado y su capacidad de pasar horas parado sobre una pata. Los flamencos son rosados porque comen camarones, pero los científicos no saben por qué se paran sobre una pata. Según una teoría, lo hacen para dejar descansar la mitad de su cuerpo; después cambian de pata para que descanse la otra mitad. Desde luego, los humanos no podríamos tomar así la siesta. Con lo difícil que es mantener el equilibrio con una pierna, imagínate hacerlo medio dormido.

Niños chiquitos: Si comes 3 camarones y tu flamenco come 10, ¿cuántos camarones comieron en total?

Niños medianos: Tú y tu flamenco compiten a ver quién aguanta más sobre una pata. Tú aguantas 5 segundos y el flamenco aguanta 17 segundos, ¿cuántos segundos más aguantó el flamenco?

Niños grandes: Si tienes 20 flamencos y la mitad están parados sobre una pata y la otra mitad están sobre 2 patas, ¿cuántas patas en total pisan el suelo?

La rana rara

Con sus ojos saltones, la lengua pegajosa, la piel húmeda y su increíble capacidad para saltar, las ranas son lindas y escurridizas a la vez. Son anfibios, lo que significa que viven en el agua y en la tierra; de hecho, nacen en el agua en forma de renacuajos; más adelante pierden la cola y les salen las patas para saltar. Las ancas de ranas se pueden *comer*, pero la gente prefiere tener ranas de mascota. Antes de decidir si prefieres comerte a tu rana o tenerla de mascota, tendrás que atraparla y eso no es tan fácil.

Niños chiquitos: Tienes 3 ranas y se escapan. Antes de atraparlas, la primera da 3 saltos, la segunda da 4 y la tercera da 1 salto, ¿cuántos saltos dieron en total?

Niños medianos: Las ranas nadan muy bien. Si corres detrás de tu rana durante 7 pies y de pronto salta a la piscina y nada 12 pies, ¿cuántos pies avanzó?

Niños grandes: La rana cohete australiana puede saltar 50 veces la longitud de su cuerpo. Si la rana mide 2 pulgadas de largo, ¿cuántas pulgadas puede saltar?

Respuestas: 8 saltos; 19 pies; 100 pulgadas (más de 8 pies)

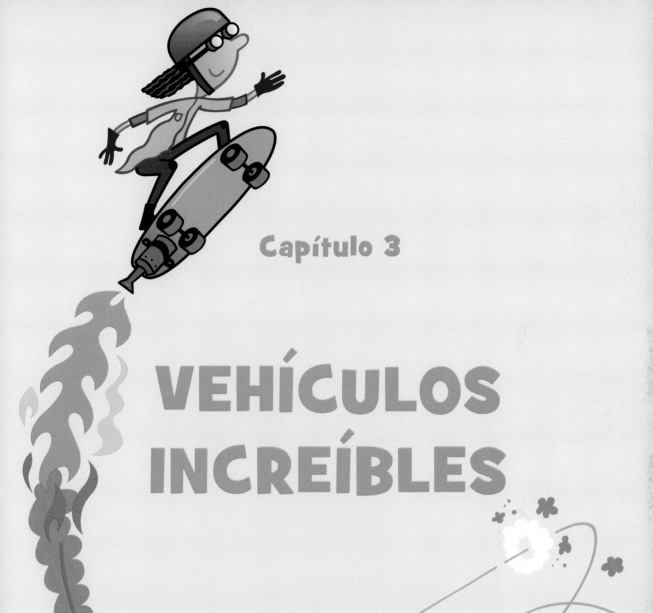

Capítulo 3

VEHÍCULOS INCREÍBLES

26 9 56 116 10 4 18 35 8 63 1

Riega la manguera

Los camiones de bomberos tienen unos equipos increíbles, pero lo mejor es la manguera. Cuando los bomberos conectan la manguera a una boca de riego, el agua entra por la manguera al camión y sale por otras mangueras. Esas mangueras lanzan chorros de agua que tienen que llegar muy alto para apagar todas las llamas, así que el agua tiene que salir con *mucha* fuerza. Si usaras una manguera de bomberos para lavar tu auto, acabarías muy pronto, pero puede que el auto termine en el otro lado del pueblo.

🚒 Niños chiquitos: Si un camión de bomberos tiene 1 manguera por la que entra el agua y 4 por las que sale, ¿cuántas mangueras tiene en total?

🚒🚒 Niños medianos: Si puedes empapar a tu hermano con la manguera del jardín desde una distancia de 5 pies, y con una manguera de bombero llegarías 10 veces más lejos, ¿a qué distancia te puedes poner para empaparlo con la manguera de bomberos?

🚒🚒🚒 Niños grandes: Si de pronto te da por regar un estacionamiento lleno de autos con la manguera y empiezas a las 2:30 pm y tardas una hora y media en hacerlo, ¿a qué hora terminas?

La masa

Si alguna vez has pasado cerca de un lugar de
construcción, habrás visto una hormigonera.
Es un camión gigante con un cilindro grande
y redondo que da vueltas y echa cemento
por la parte de atrás. Una hormigonera
puede mezclar miles de galones de cemento.
Si pudieras usarlo para hacer algo más
interesante, como la masa de un pastel o de
unas galletas, seguro que nunca te quedarías
sin postre. A lo mejor estas máquinas
deberían estar en la cocina.

🥄 Niños chiquitos: Si tienes 8
hormigoneras y 4 de ellas mezclan cemento y
el resto mezcla masa para galletas, ¿cuántas
mezclan masa de galletas? (Ten cuidado, no
te equivoques a la hora de comer).

🥄🥄 Niños medianos: Si
empiezas a hacer galletas con la
masa de tu hormigonera a las
11:00 am y tardas 3 horas, ¿a qué hora
terminas?

🥄🥄🥄 Niños grandes: Imagina
que tu hormigonera puede mezclar 2,000
galones de masa de galletas. Si con 1 galón
de masa puedes hacer 8 bandejas de
galletas de chocolate, ¿cuántas bandejas
podrías hacer con la carga completa de esa
hormigonera?

Patinete cohete

A los que montan en patinete les encanta ir a toda velocidad. Muchos hacen trucos en el "half pipe", una rampa con forma de tubo gigante partido por la mitad. Los chicos y las chicas se deslizan de un lado a otro y saltan en el aire. Algunos incluso ponen una placa de metal en la parte de atrás de la tabla para que salgan chispas al rodar.

Imagínate que si en lugar de pensar que tu patinete es un cohete pudieras poner un motor en la parte de atrás y convertirlo en un cohete de verdad. Al estar más tiempo en el aire, podrías hacer más trucos, siempre y cuando tus zapatos no cogieran fuego.

🌿 **Niños chiquitos:** Si una chica va en patinete y da 2 volteretas, se pone de cabeza 2 veces y come una galleta mientras está en el aire, ¿cuántos trucos ha hecho en total?

🌿🌿 **Niños medianos:** Si un niño va en su patinete cohete y salta por encima de 5 árboles, pero después va una niña que pesa menos y consigue saltar por encima de 13 árboles, ¿cuántos árboles más saltó la niña?

🌿🌿🌿 **Niños grandes:** Si en un patinete normal tardas 20 minutos en llegar a la escuela y en un patinete cohete vas 10 veces más rápido, ¿cuántos minutos tardas en llegar a la escuela en el patinete cohete?

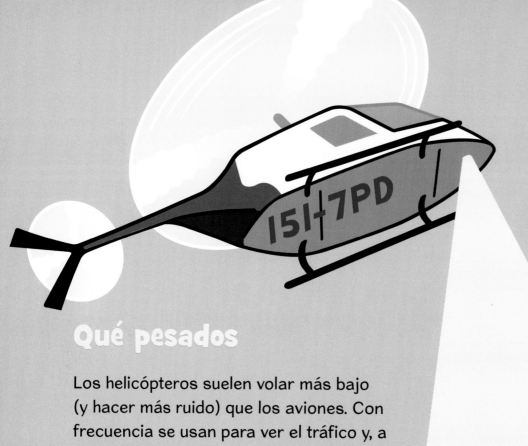

Qué pesados

Los helicópteros suelen volar más bajo
(y hacer más ruido) que los aviones. Con
frecuencia se usan para ver el tráfico y, a
veces, para buscar a personas perdidas
o perseguir a ladrones que se han dado
a la fuga. También hay helicópteros
superpotentes que hacen trabajos
muy importantes, como levantar por
los aires animales descarriados
o incluso edificios y llevarlos a
otro sitio. Si ves uno de esos,
¡apártate de su camino!

Niños chiquitos: Si un
helicóptero rescata 4 rinocerontes y
3 hipopótamos, ¿cuántos animales en
peligro de extinción ha salvado?

Niños medianos: Si
un rinoceronte pesa 5,000 libras y un
hipopótamo pesa 8,000 libras, ¿cuántas
libras tiene que levantar un helicóptero si
quiere llevar a los dos a la vez?

Niños grandes: Si
un helicóptero potente puede levantar 2
camiones y cada camión pesa igual que
20 crías de hipopótamo, ¿cuántas crías
de hipopótamo podría levantar a la vez
ese helicóptero?

Máquina de gritos

Normalmente evitamos las cosas que nos asustan. Pero por algún motivo, nos divierte subir a la montaña rusa y pasar miedo. Cuando miras hacia abajo desde la parte más alta y sabes que estás a punto de caer hacia la tierra a toda velocidad y después ponerte boca abajo, lo único que puedes hacer es gritar. Las montañas rusas pueden tener una altura de hasta 400 pies y alcanzar una velocidad de 150 millas por hora. Con razón gritamos a todo pulmón.

MÁQUINA DE
GRITOS
← entrada

Niños chiquitos: Si te subes a una montaña rusa que tiene 5 caídas grandes y 1 curva pronunciada, ¿cuántas veces podrías gritar?

Niños medianos: Si en un vagón de la montaña rusa caben 12 personas y la mitad de ellas grita en la primera bajada, ¿cuántas gritan?

Niños grandes: Si la montaña rusa más rápida va a 150 millas por hora, y la velocidad máxima a la que puedes ir en un auto por la carretera es de 80 millas por hora, ¿cuánto más rápido va la montaña rusa?

Respuestas: podrás gritar 6 veces; 6 personas; 70 millas por hora más rápido.

Cuánta presión

Un cubo con agua pesa mucho, pero el agua pesa muchísimo más a miles de pies bajo el mar. La presión es tan fuerte que si bucearas hasta el fondo, el peso te aplastaría como si fuera una montaña de autos. Pero la gente quiere viajar al fondo del mar y estudiar las criaturas marinas. Así que los científicos se meten en unos submarinos especiales superresistentes que no se aplastan como si fueran chatarra. Si no te importa estar apretujado en una bola de metal y hundirte a 3 millas en las aguas negras, este sería un buen trabajo para ti.

Niños chiquitos: Si tu submarino desciende en línea recta a una profundidad de 3 millas y después sube a la superficie, ¿cuántas millas ha recorrido?

Niños medianos: Si construyes una docena de submarinos y los sumerges en el mar a ver qué pasa y 5 de ellos acaban totalmente aplastados, ¿cuántos recuperas en buen estado? (Recuerda: Una docena son 12).

Niños grandes: En la tierra, el aire ejerce una presión contra tu piel de unas 14 libras de fuerza por cada pulgada cuadrada. A dos millas bajo el mar, la presión es de casi 3 *toneladas*. Si sabes que una tonelada son 2,000 libras, ¿cuántas libras de presión por pulgada cuadrada sientes a 2 millas bajo el mar?

Ala vamos

Si lo piensas, volar en avión, es decir, meterte dentro de un cacharro de metal y surcar el cielo, es una locura. Pero no es tanta locura como atarte un motor de avión a la espalda y salir disparado por el aire. El piloto Yves Rossy ha hecho eso muchas veces: ha saltado desde un avión a 7,500 pies de altura y ha volado durante 9 minutos, a unas 200 millas por hora, con una mochila en la espalda que en realidad es un motor de avión. Si quisieras probar su mochila, necesitarías un traje especial para que el motor no te queme la piel y un paracaídas para aterrizar sano y salvo. Aparte de eso, es de lo más seguro.

Niños chiquitos: Si vuelas por el aire en línea recta con tu mochila voladora durante 2 minutos y después te dedicas a dar piruetas durante 6 minutos, ¿cuánto tiempo has volado?

Niños medianos: Si saltas de un avión a 7,000 pies y vuelas hacia arriba otros 2,000 pies, ¿cuántos pies volaste? (Pista: Piensa en miles.)

Niños grandes: Si vuelas a 180 millas por hora y después abres tu paracaídas y tu velocidad baja a 120 millas por hora, ¿cuántas millas ha bajado tu velocidad?

2 83 7 34 22 6 42 116 35 1 14 9

Capítulo 4

DEPORTES QUE NO DEBES PRACTICAR EN CASA

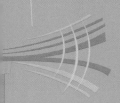

5 26 78 51 106 9 27 0 82 37 45

Bravo por el toro bravo

A casi nadie le gusta que le digan lo que tiene
que hacer y a los animales menos todavía. Al
que menos le gusta es al toro, el macho de
la vaca que tiene muy mal genio y los
cuernos largos. Si buscas un animal
al que no le gusta que lo monten,
el toro es una buena elección.
En los rodeos de toros, te dan
puntos si consigues sostenerte
encima del toro por 8 segundos,
agarrándote con una sola mano.
Al toro también le dan puntos si
te lanza por los aires.

🐄 Niños chiquitos:

Si consigues aguantar encima de un toro durante 5 segundos, ¿cuántos segundos más tienes que aguantar para llegar a 8 y que te den puntos?

🐄🐄 Niños medianos:
Los jueces te puntúan a ti y al toro y pueden dar un máximo de 25 puntos a cada uno. Si consigues 20 puntos, pero tu toro solo consigue 15 por ponértelo fácil, ¿cuántos puntos tienes más que el toro?

🐄🐄🐄 Niños grandes:
Si hay 4 jueces y cada uno puede dar 25 puntos, ¿cuál es la máxima puntuación que puedes conseguir?

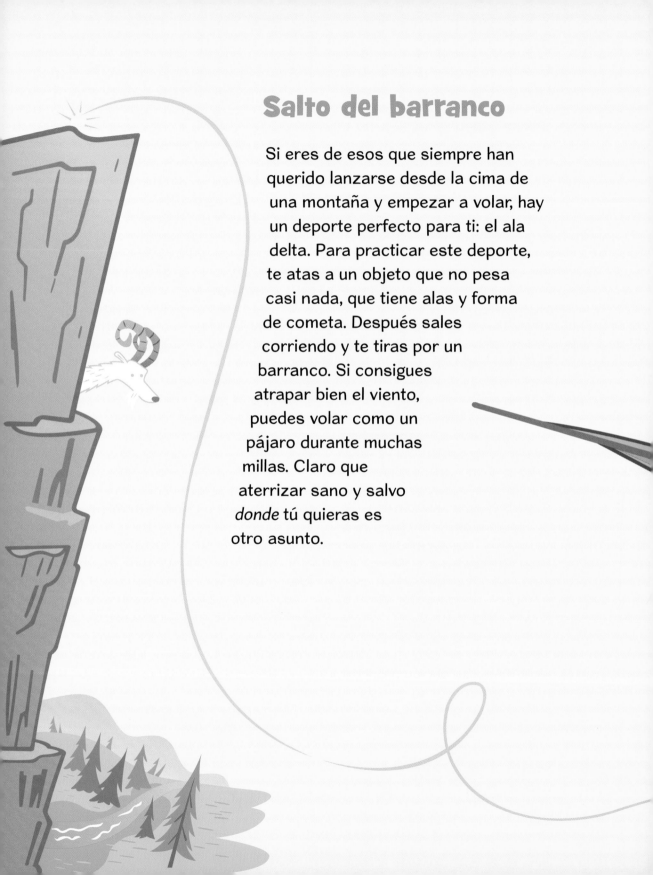

Salto del barranco

Si eres de esos que siempre han querido lanzarse desde la cima de una montaña y empezar a volar, hay un deporte perfecto para ti: el ala delta. Para practicar este deporte, te atas a un objeto que no pesa casi nada, que tiene alas y forma de cometa. Después sales corriendo y te tiras por un barranco. Si consigues atrapar bien el viento, puedes volar como un pájaro durante muchas millas. Claro que aterrizar sano y salvo *donde* tú quieras es otro asunto.

Niños chiquitos: Si te tiras por un barranco y planeas en línea recta por 2 millas, después giras a la izquierda y planeas otras 4 millas, ¿cuántas millas planeaste?

Niños medianos: Si tu casa está a 20 millas del barranco, pero solo consigues volar 16 millas antes de aterrizar, ¿cuántas millas tienes que caminar para llegar a tu casa?

Niños grandes: Si empiezas a volar a las 3:20 de la tarde y planeas en el aire durante 50 minutos, ¿a qué hora aterrizas?

Palos voladores

Los palos se pueden usar para muchas cosas, como remar, colgar una bandera o sostener una casa de madera en la copa de un árbol. Pero una de las cosas más divertidas que podemos hacer con un palo es usarlo de pértiga y salir despedido por los aires. En el salto con pértiga, sales corriendo con un palo largo de 15 pies en las manos, después lo clavas en el suelo y te agarras como puedes mientras la pértiga te lanza hacia arriba y empiezas a subir hasta que decides soltarte. Con un poco de suerte, consigues pasar por encima de la barra sin derribarla. El récord de salto de altura con pértiga es de 20 pies y 1 pulgada, casi tan alto como un edificio de dos pisos. Si te preguntas cómo puedes saltar por encima de tu casa, ya lo sabes.

Niños chiquitos: Si corres con una pértiga de 7 pies y consigues pasar por encima de una barra que está a 2 pies por encima, ¿de qué altura es la barra?

Niños medianos: Si en tu primer salto pones la barra a 14 pies de altura y después la vas subiendo 1 pie con cada salto, ¿a qué altura está la barra en tu cuarto salto?

Niños grandes: Si intentas pasar la barra 26 veces y la mitad de las veces no lo consigues, ¿cuántas veces conseguiste pasarla?

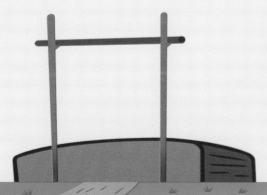

Motos para locos

Los deportes más emocionantes son los que hacen algo que ya era peligroso, como montar en moto de nieve, y ponen a 20 personas para que compitan todas a la vez y que sea más peligroso todavía. Las motos de nieve pueden alcanzar una velocidad de más de 100 millas por hora y son muy difíciles de controlar en la nieve resbalosa, sobre todo cuando te pasan otras 19 motos al lado a toda velocidad. Si eso no te parece lo suficientemente peligroso, puedes elegir la modalidad de estilo libre en la que las motos suben por unas rampas, se ponen boca abajo y, con un poco de suerte, aterrizan de pie.

 Niños chiquitos: Si das un salto mortal en 2 rampas, después saltas otras 3 rampas de pie y sin aguantarte con las manos, ¿cuántas rampas saltaste en total?

Niños medianos: Si saltas 6 rampas con tu moto de nieve y en cada salto, estás 3 segundos en el aire, ¿cuántos segundos en total estuviste en el aire?

Niños grandes: Si participan 20 motos de nieve en una carrera y hay 3 colisiones y en cada colisión se averían 2 motos de nieve, ¿cuántas motos de nieve consiguen terminar la carrera?

Al agua patos

Hay muchas maneras de tirarte a la piscina, como hacerte una pelota y salpicar mucho o lanzarte de barriga al agua. Pero si caes mal, podrías lastimarte. ¡Así que imagínate lo bien que tienes que hacerlo si te lanzas a la piscina desde una altura de más de 30 pies! En los saltos olímpicos, los participantes saltan desde un trampolín que está muy alto y mientras caen por el aire, hacen todo tipo de trucos alucinantes: piruetas, giros y saltos mortales. Después, lo más difícil es conseguir poner el cuerpo en la posición adecuada antes de zambullirse en el agua. Con tanta vuelta no hay quién sepa hacia dónde estás mirando.

Niños chiquitos: Si vas a dar 4 saltos mortales y solo llevas 1 salto mortal y un giro, ¿cuántos saltos mortales te faltan?

Niños medianos: Si te lanzas de cabeza y das 2 saltos mortales y medio, ¿cómo caerás al agua: de cabeza o de pie?

Niños grandes: Si eres capaz de dar 4 saltos mortales al lanzarte desde una altura de 30 pies, ¿cuántos podrías dar desde una altura de 60 pies?

Dale cuerda

Aunque las alturas no te den miedo, caminar por encima de
un puente muy alto puede dar mucha impresión. Si eso no es
lo suficientemente emocionante para ti, siempre puedes usar
una soga larga y elástica, amarrar un extremo al puente y el
otro extremo a tu cuerpo, y saltar. Si lo haces, empiezas a
caer en picada hasta que la soga se estira al máximo y, en ese
momento, sales disparado hacia el cielo. Después te detienes
en el aire y vuelves a caer. Es recomendable calcular bien la
longitud de la soga antes de saltar.

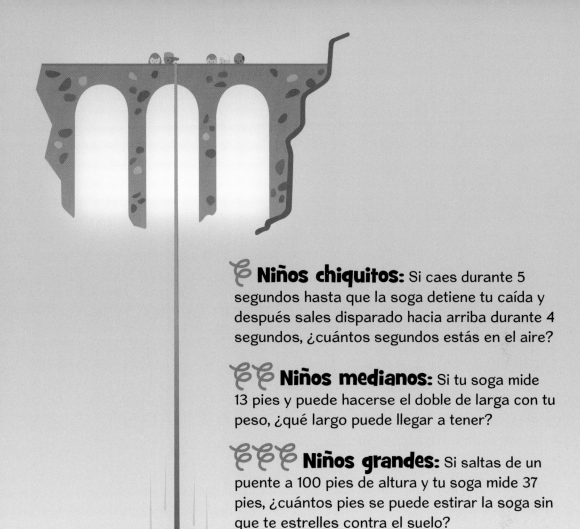

Niños chiquitos: Si caes durante 5 segundos hasta que la soga detiene tu caída y después sales disparado hacia arriba durante 4 segundos, ¿cuántos segundos estás en el aire?

Niños medianos: Si tu soga mide 13 pies y puede hacerse el doble de larga con tu peso, ¿qué largo puede llegar a tener?

Niños grandes: Si saltas de un puente a 100 pies de altura y tu soga mide 37 pies, ¿cuántos pies se puede estirar la soga sin que te estrelles contra el suelo?

Respuestas: 9 segundos; 26 pies; se puede estirar 63 pies.

Parada de autobús

El autobús de tu escuela tiene que ser muy grande para que quepan todos los niños. Un autobús mide unos 36 pies de largo y pesa unas 28,000 libras, ¡eso es diez veces más que un auto! Por eso, en la Competencia del Hombre Más Fuerte los participantes tienen que *arrastrar* un autobús. El concursante se pone delante del autobús y se ata un cinturón al cuerpo, después se echa hacia delante y empieza a caminar arrastrando el autobús hasta una distancia de 100 pies. Parece simple, pero para arrastrar 28,000 libras de autobús hay que tener *muchísima* fuerza en las piernas. Esperemos que nadie haya dejado puesto el freno de mano.

🚌 **Niños chiquitos:** Si tu autobús se queda sin gasolina y el conductor te pide que lo arrastres con 4 amigos, ¿cuántos en total van a jalar del autobús?

🚌🚌 **Niños medianos:** Si arrastras un autobús y cuando llevas 40 pies tienes que descansar, ¿cuántos pies te quedan para llegar a 100?

🚌🚌🚌 **Niños grandes:** Para ti, arrastrar un autobús es demasiado fácil, así que decides arrastrar un avión pequeño con los dientes, lo que han hecho algunas personas. Si el avión pesa el doble que un autobús de 28,000 libras, ¿cuánto pesa?

Qué queso travieso

En muchos pueblos de Inglaterra celebran
una competencia muy rara llamada La carrera
del queso. La gente se aglomera en la cima de
una colina cubierta de pasto y alguien lanza un
queso grande por la ladera. Cuando el queso rueda
cuesta abajo unos cuantos pies, comienza la carrera y
todos gritan y salen corriendo detrás. El queso rebota
y rueda *muy* rápido, así que la gente se tira al pasto
y rueda como un tronco para alcanzarlo. Después
de muchos golpes y huesos rotos, la persona que
consigue atrapar el queso se queda con él, lo que es
mucho más divertido que comprarlo en una tienda.

Niños chiquitos: Si el queso tiene que rodar 10 segundos antes de que la gente salga detrás y ya ha rodado 6 segundos, ¿cuántos segundos más tienes que esperar?

Niños medianos: Si el queso rueda durante 20 segundos antes de chocar contra un árbol y detenerse, y el ganador llega 20 segundos después, ¿cuánto tiempo ha pasado desde que el queso salió rodando?

Niños grandes: Si 50 personas corren detrás del queso, pero 13 de ellas acaban malheridas y no llegan hasta el final, ¿cuántas personas consiguen llegar al final?

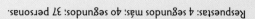

47 5 83 4 29 32 2 15 108 9 21

Capítulo 5

TRABAJOS MUY RAROS

2 38 71 26 5 93 44 3 52 36

Escuela de animales

Si quieres que un animal te obedezca, deberías darle algo de comer cada vez que le pidas hacer algo. Los domadores del zoológico tienen que tener mucha paciencia cuando enseñan a los animales a hacer trucos. Deben ignorar a los animales cuando no siguen las instrucciones, lo que es casi siempre, y premiarles con comida y palmaditas en el lomo cuando hacen bien los trucos. Si ya es difícil enseñar a tu hermano o hermana a no entrar en tu habitación, imagínate lo difícil que es conseguir que una foca o un delfín sujete una pelota con el hocico.

Niños chiquitos: Si consigues que la foca salpique al público 6 veces, pero después te salpica a ti dos veces, ¿cuántas veces ha salpicado en total?

Niños medianos: Si lanzas una pelota a una foca y la agarra con la nariz al tercer intento y después, la agarra una de cada tres veces, ¿atrapará la pelota al intento número 13?

Niños grandes: Si empiezas el espectáculo con tus delfines a la 1:45 pm y dura 20 minutos, ¿a qué hora terminas?

A punto de explotar

Si alguna vez has visto a un cocinero en un restaurante, sabrás que su trabajo es de lo más estresante. Un cocinero tiene que preparar muchos platos a la vez y tenerlos listos rápidamente para servirlos cuanto antes. Cocina hamburguesas, perritos calientes, huevos y panqueques, y cada uno hay que prepararlo de forma distinta y en muy poco tiempo. El cocinero usa la sartén, la tostadora y la máquina de hacer jugos y, casi como por arte de magia, consigue preparar todos los platos justo a tiempo.

🍳 Niños chiquitos: Si pones en la plancha 4 panqueques, 3 huevos y 2 hamburguesas, ¿cuántas cosas estás cocinando a la vez?

🍳🍳 Niños medianos: Si te demoras 10 minutos en hacer un bistec y 4 minutos en hacer huevos, ¿cuántos minutos después de que pusiste el bistec debes empezar a hacer los huevos para terminar los dos a la vez?

🍳🍳🍳 Niños grandes: Si los panqueques se demoran 8 minutos en cocinar y las hamburguesas solo se demoran 5 minutos, ¿qué se demora más tiempo: 3 tandas seguidas de panqueques o 5 tandas de hamburguesas?

El ego de diseñar LEGO®

Cuando abres una caja nueva de LEGO®, es divertido seguir las instrucciones y construir un auto, un castillo o un avión antes de perder alguna pieza. Algunos son difíciles de armar: si no pones todas esas piezas pequeñitas en el lugar correcto, los ángulos no coinciden o la hélice no da vueltas. Construirlos puede resultar difícil, pero es más difícil todavía diseñarlos. Las personas que los diseñan tiene que pensar hasta el último detalle: qué se va a construir, de qué color será, cuántas piezas hacen falta. Esas persona se llaman diseñadores de LEGO®. Ser diseñador de LEGO® es difícil, pero seguro que también es muy divertido.

▄▄ **Niños chiquitos:** Si construyes un auto de LEGO®
y puedes poner 3 figuritas en la fila de delante, 3 en la del medio y 3 en la de atrás, ¿cuántas figuritas pueden ir en el auto?

▄▄ ▄▄ **Niños medianos:** Si tienes que diseñar un
templo egipcio de 25 piezas y para el tejado necesitas usar 10, ¿cuántas piezas te quedan para el resto del edificio?

▄▄ ▄▄ ▄▄ **Niños grandes:** Si diseñas un castillo de
200 piezas y la cuarta parte de las piezas tiene que ser de color rosado, ¿cuántas piezas rosadas necesitas?

Al mal tiempo buena cara

Lo mejor de ser meteorólogo, la persona que predice el tiempo, es que nadie sabe si estás haciendo bien tu trabajo. Cuando aparece el mapa en la pantalla, el meteorólogo dice el tiempo que va a hacer al día siguiente y si va a llover o salir el sol, y ya está. Nunca vemos si lo que dijo *el día anterior* pasó de verdad. Los trabajos en los que nadie controla si lo estás haciendo bien o mal deben de ser los mejores trabajos del mundo, pero como alguien empiece a fijarse en lo que hacen, estas personas se van a meter en un buen lío.

DÍA SOLEADO

Niños chiquitos: Si el hombre del tiempo dice que va a llover todos los días de la semana, pero solo llueve 1 día, ¿en cuántos días se equivocó?

Niños medianos: Si se suponía que iba a hacer una temperatura de 74 grados y resulta que hizo 51 grados, ¿en cuántos grados se equivocó la mujer del tiempo?

Niños grandes: Si el hombre del tiempo dice que en el mes de abril lloverá la mitad de los días, pero solo llueve un tercio de los días, ¿en cuántos días se equivocó? (Recuerda: abril tiene 30 días).

Respuestas: se equivocó en 6 días; se equivocó en 23 grados (y por lo menos, una capa de ropa); se equivocó en 5 días.

El hombre bala

Un cañón es un tubo enorme y hueco de metal que dispara objetos grandes, como balas de cañón. Sin embargo, en el circo y en otros sitios, a veces meten a una *persona* en el cañón y la lanzan por encima de la gente. Las personas que se meten en los cañones son personas de verdad y ese es su trabajo. Por suerte, para disparar el cañón no usan explosivos, sino que meten dentro un muelle gigante o lanzan a la persona con un chorro de aire. Eso sirve de poco consuelo cuando estás a punto de salir disparado a 100 millas por hora.

DULC

Niños chiquitos: Si disparas tu cañón 8 veces pero en 4 de ellas no sale nada, ¿cuántas veces conseguiste disparar bien?

Niños medianos: Si sales disparado de un cañón a 100 millas por hora y en un auto irías a 50 millas por hora, ¿cuánto más rápido vas en cañón?

Niños grandes: El hombre bala que batió el récord del mundo salió disparado desde un cañón y llegó a una distancia de 193 pies. Si construyes un cañón que puede lanzarte el doble de lejos, ¿a qué distancia llegarías?

Cómo llamar la atención

Si te fijas bien, en todos los partidos de fútbol americano siempre aparece alguien disfrazado de animal que se dedica a correr y mover los brazos para animar a la gente. Esa persona tan rara es la mascota del equipo y se suele disfrazar de algo relacionado con el nombre del equipo: un león en los Lions, un oso en los Bears, etc. Sin embargo, ser la mascota no siempre es divertido. El disfraz es muy incómodo y peludo para que los niños lo acaricien, y los agujeros para los ojos apenas dejan ver. Seguramente los que van disfrazados de mascotas pasan más calor y sudan más que los propios jugadores.

Niños chiquitos: Si te disfrazas de león, la mascota del equipo, y haces 5 volteretas para entretener al público pero se te cae la cabeza del disfraz dos veces, ¿cuántas volteretas consigues dar sin que se te caiga?

Niños medianos: Si para entretener al público cantas el himno del equipo 7 veces y bailas 5 canciones con las animadoras, ¿cuántas veces actuaste?

Niños grandes: Si tu equipo juega 28 partidos cada temporada y en la mitad de los partidos la mascota decide tirarte al suelo para que la gente se ría, ¿en cuántos partidos te tira al suelo?

Días de perros

Pasear un perro puede ser difícil, sobre todo cuando el cachorrito no está bien entrenado y se dedica a olisquear todo, como las bocas de riego, la basura y el trasero de otros perros. ¡Pues imagínate lo difícil que es pasear diez perros a la vez! En las ciudades donde vive mucha gente en la misma cuadra, hay paseadores profesionales de perros que recogen a los perritos de las casas de sus dueños y los sacan a pasear a todos a la vez. Como vamos a ver, antes de pasearlos tienes que planear todo muy bien.

 Niños chiquitos: Si el paseador de perros recoge 2 perritos falderos en la primera casa, 3 labradores en la segunda y un sabueso en la tercera, ¿cuántos perros va a pasear en total?

Niños medianos: Si un paseador tiene 10 perros, pero solo tiene correas para pasear a 4 de cada vez, ¿cuántas veces tiene que salir para conseguir pasear a todos los perros?

Niños grandes: El paseador tiene que pasear a 40 perros, lo que es prácticamente imposible. Además, la mitad de esos perros prefiere jugar a la pelota, $\frac{1}{5}$ de ellos quiere jugar al Frisbee y 3 quieren galletitas de perro. ¿Cuántos perros quieren pasear como debe ser?

Título	Niños chiquitos	Niños medianos	Niños grandes
¡Pica, pica, pica!	8-3=5	3,500-2,500=1,000	35,000/3,500=10
Jugar con Ketchup	3+1=4	1+3+3+3=10	14x2=28
Palomitas explosivas	10-3=7	15-9=6	2x13=26
Huevos mágicos	2+2=4	10x3=30	30-17=13
Que no te den calabazas	4+5=9	1,000x5=5,000	4x900=3,600, 5x700=3,5(
A todo gas	10-5=5	40/10=4	(60-42)/2=9
Pasta pegajosa	9-2=7	18-10=8	8+(8/4)=10
La norma de los 10 segundos	8-6=2	12-8=4	120/2=60
De colores	2+2+1=5	20x2=40	24-9=15
Pesos pesados	8,000-3,000=5,000	8,000/2,000=4	160/4=40
Qué pardo el guepardo	6/3=2	70-60=10	75/25=3
Pingüinos finos	4+5=9	5+13+20=38	10x2x4=80
Un salto adelante	4+4=8	3x20=60	24/6=4
Pinchos para comer	2+2=4	8x2=16	1+4+4+4+4=17+4=21
Patas arriba	3+10=13	17-5=12	(20/2)x1+(20/2)x2=30
La rana rara	3+4+1=8	7+12=19	50x2=100
Riega la manguera	1+4=5	5x10=50	2:30+1½ hrs=4:00
La masa	8-4=4	11:00+3 hrs=2:00	2,000x8=16,000
Patinete cohete	2+2+1=5	13-5=8	20/10=2
Qué pesados	4+3=7	5,000+8,000=13,000	2x20=40
Máquina de gritos	5+1=6	12/2=6	150-80=70
Cuánta presión	3+3=6	12-5=7	2,000x3=6,000
Ala vamos	2+6=8	7,000+2,000=9,000	180-120=60
Bravo por el toro bravo	8-5=3	20-15=5	25x4=100
Salto del barranco	2+4=6	20-16=4	3:20+50 min=4:10
Palos voladores	7+2=9	14+3=17	26/2=13
Motos para locos	2+3=5	6x3=18	20-(3x2)=14
Al agua patos	4-1=3	2½ giros	4x2=8
Dale cuerda	5+4=9	13x2=26	100-37=63
Parada de autobús	4+1=5	100-40=60	28,000x2=56,000
Qué queso travieso	10-6=4	20+20=40	50-13=37
Escuela de animales	6+2=8	no, 13 no es múltiplo de 3	1:45+20 min=2:05
A punto de explotar	4+3+2=9	10-4=6	8x3<5x5
El ego de diseñar LEGO®	3+3+3=9	25-10=15	200/4=50
Al mal tiempo buena cara	7-1=6	74-51=23	(30/2)-30/3=5
El hombre bala	8/2=4	100-50=50	193x2=386
Cómo llamar la atención	5-2=3	7+5=12	28/2=14
Días de perros	2+3+1=6	4x2<10, son 3	40-(40/2)-(40/5)-3=9